La materia

Mira, toca, prueba, huele

por **Darlene R. Stille**

ilustrado por **Sheree Boyd**

Traducción: **Sol Robledo**

Agradecemos a nuestros asesores por su pericia:

Paul Ohmann, Ph.D., Profesor Adjunto de Física
University of St. Thomas, St. Paul, Minnesota

Susan Kesselring, M.A., Alfabetizadora
Rosemount-Apple Valley-Eagan (Minnesota) School District

PICTURE WINDOW BOOKS
Minneapolis, Minnesota

Dirección editorial: Bob Temple
Dirección creativa: Terri Foley
Redacción: Nadia Higgins
Asesoría editorial: Andrea Cascardi
Corrección de pruebas: Laurie Kahn
Diseño: John Moldstad
Composición: Picture Window Books
Las ilustraciones de este libro se crearon con medios digitales.
Traducción y composición: Spanish Educational Publishing, Ltd.
Coordinación de la edición en español: Jennifer Gillis/Haw River Editorial

Picture Window Books
5115 Excelsior Boulevard
Suite 232
Minneapolis, MN 55416
1-877-845-8392
www.picturewindowbooks.com

Impreso en los Estados Unidos de América.

Library of Congress Cataloging-in-Publication Data
Stille, Darlene R.
[Matter. Spanish]
La materia : mira, toca, prueba, huele / por Darlene R. Stille ;
ilustrado por Sheree Boyd ; traducción, Sol Robledo.
p. cm. — (Ciencia asombrosa)
Includes bibliographical references and index.
ISBN-13: 978-1-4048-3221-3 (library binding)
ISBN-10: 1-4048-3221-1 (library binding)
ISBN-13: 978-1-4048-2505-5 (paperback)
ISBN-10: 1-4048-2505-3 (paperback)
1. Matter—Properties—Juvenile literature. I. Boyd, Sheree, ill. II. Title.
QC173.36.S7518 2007
530—dc22   2006027259

Contenido

¿Qué es la materia?

¿Lo puedes ver? ¿Lo puedes tocar? ¿Lo puedes probar? ¿Lo puedes oler? Entonces, es materia.

DATO CURIOSO

El aire también está hecho de materia. Respira profundo. El aire no se ve pero nota cómo te llena los pulmones.

Las montañas, los árboles y los bombones están hechos de materia. Las estrellas del cielo están hechas de materia. La materia es todo lo que ocupa espacio.

Mira un carro y una patineta. Verás que el carro es más grande y más pesado que la patineta. El carro tiene más materia.

Es difícil mover las cosas que tienen mucha materia. Sólo un adulto fuerte puede empujar un carro. Pero tú puedes empujar la patineta con un pie.

DATO CURIOSO

También es difícil parar las cosas que tienen mucha materia cuando se están moviendo. Es muy difícil parar un tren. Es más fácil parar un carro y mucho más fácil parar una patineta.

¿Ves lo delgado que es un cabello? Imagínate que lo partes en millones de pedazos. Cada uno sería del tamaño del pedacito más pequeño de materia.

Los pedacitos más pequeños de materia se llaman átomos. Los átomos son las partes básicas de la materia. Son tan pequeños que no se ven.

DATO CURIOSO

Los átomos se unen y forman otras partes de la materia que se llaman moléculas. Todo está formado de átomos y moléculas en el universo. Miles de millones de átomos y moléculas forman las pelotas, las muñecas ¡y los niños!

Los tres formas de la materia

¿Lo puedes agarrar? ¿Rebota o se estira?
¿Es duro, suave o blando? Entonces es
un sólido.

Existen tres formas, o estados, de la materia. La materia puede estar en estado sólido. Los sólidos tienen forma propia. Un cubo de madera, un clavo, una ventana y un trozo de barro son sólidos.

11

¿Se puede verter? ¿Se derrama? Entonces es un líquido. La materia puede estar en estado líquido.

No podemos agarrar un líquido. Se escurre por los dedos. Gotea al piso. Un líquido no tiene forma propia. Hay que tenerlo dentro de un recipiente.

DATO CURIOSO

El líquido toma la forma del recipiente que lo contiene. Mira una botella de leche. Verás que la leche toma la forma de la botella. La leche es un líquido. Ahora échala en un vaso. ¿Qué forma tiene?

Echa aire por la boca.
¿Adónde va el aire que
soplas? Si inflas un globo,
verás que se hace más y
más grande. El globo se
llena de aire.

El aire que nos rodea es un gas. Los gases son el tercer estado de la materia. Un gas no tiene forma propia. No se puede verter. El gas flota y se distribuye en todas las direcciones. Llena por completo el recipiente que lo contiene.

Los estados cambian

Ahora transformarás un sólido en líquido.
¿Parece magia?

Saca un cubo de hielo del congelador
y ponlo al Sol. Mira cómo el hielo sólido
se transforma en agua líquida.

DATO CURIOSO

Cuando un sólido cambia a líquido, se derrite. Muchos sólidos se derriten cuando se calientan. ¿Qué les pasa a los líquidos cuando se enfrían? ¿Cómo llamamos ese cambio?

Ahora verás cómo se transforma un líquido en gas. Mira la tetera llena de agua en la estufa. La estufa la calienta.

El agua caliente se transforma en un gas que se llama vapor. El vapor sale de la boquilla de la tetera y hace que chille.

DATO CURIOSO

Los gases se transforman en líquidos si se enfrían mucho. Mira el reverso de una tapa que cubrió una sopa caliente. Tiene gotas de agua porque el vapor de la sopa se enfrió y se volvió agua.

Cómo es la materia

Observa el cielo. ¿Qué colores ves? Respira profundo. ¿Qué hueles? Mete los pies descalzos en el agua. ¿Está fría o caliente? Al menos sabemos que ¡está mojada!

Los colores, los olores y la temperatura son propiedades de la materia. Podemos nombrar cientos de propiedades para describir toda la maravillosa materia de nuestro mundo.

La piedra y la almohada son sólidos pero son diferentes. ¿Qué diferencias tienen? ¿Qué diferencias notas entre la madera y el vidrio? ¿Entre la leche y el agua?

21

Un científico sólido

Materiales:

Sólidos:
un pedazo de madera
un clavo
una hoja de papel
una piedra
papel de aluminio
barro
un corcho
una cucharada de sal
una pluma de cojín

Equipo:
papel y lápiz
una tabla de 2 pies de largo (60 centímetros)
un martillo
un recipiente de agua

Pasos:

Primero prepara un cuadro para organizar las notas cuando hagas las observaciones. Escribe la lista de los sólidos del lado izquierdo. Después escribe las siguientes propiedades en la parte de arriba: duro, blando, se estira, se rompe, se dobla, se quiebra, flota. Pon una X en el cuadrado de cada sólido si tiene esa propiedad. Así verás las propiedades de todos los sólidos.

Primera observación: ¿Es duro o blando?
Pon los sólidos sobre la tabla, uno por uno. Golpéalos con el martillo con la ayuda de un adulto. ¿Qué pasa? Decide si cada sólido es duro o blando. Anótalo en la tabla.

Segunda observación: ¿Se estira o se rompe?
Jala cada uno de los sólidos. ¿Cuáles se estiran y cuáles se rompen? Toma notas.

Tercera observación: ¿Se dobla o se quiebra?
Trata de doblar cada uno de los objetos. ¿Qué le pasa al papel? ¿Y al aluminio? ¿Y al barro? ¿Alguno de los objetos se quedó doblado? ¿Alguno se quebró por la mitad? Apunta lo que has visto.

Cuarta observación: ¿Flotarán?
Pon los objetos en el recipiente con agua, uno por uno. ¿Cuáles flotan? Anota los resultados.

Sobre la materia

Más liviano que el aire
Unos gases pesan más que otros. El helio es más liviano que el aire que lo rodea. Por eso un globo lleno de helio flota hacia arriba cuando lo sueltas.

Sin materia
El espacio sin materia se llama vacío. Cuando chupas el popote de un vaso de limonada, se crea una especie de vacío porque sacas el aire del popote. La materia siempre llena el vacío. Por eso la bebida sube por el popote.

Plumas y clavos
Una almohada ocupa mucho más espacio que una caja de clavos. Pero la caja de clavos pesa más que la almohada. ¿Por qué? La materia de la almohada está muy suelta y la de los clavos está muy compacta. A la cantidad de materia que ocupa un espacio se le llama densidad.

¿Se derrite o se quema?
Cuando el hielo se calienta, se derrite y se vuelve agua. Cuando la madera se calienta mucho, se quema y se vuelve ceniza. El agua puede volverse hielo de nuevo si se enfría lo suficiente, pero la ceniza nunca podrá volver a ser madera. El calor cambia la materia de distintas formas.

Los olores de la materia
¿Por qué huele la comida? Porque pequeñas partículas de materia de la comida flotan en el aire. Las moléculas de la comida se meten a la nariz. Las puedes oler aunque no las veas.

Las rocas se derriten
Los sólidos se pueden volver líquidos si se calientan lo suficiente. Las rocas se derriten con el calor del centro de la Tierra. La roca derretida sale por los volcanes como ríos de fuego.

Glosario

átomo—pedazo más pequeño de materia. Los átomos no se ven.
gas—estado de la materia que llena el recipiente que lo contiene, como el aire de un globo
líquido—materia mojada que se vierte, como el agua
materia—todo lo que ocupa espacio
molécula—pedazo de materia que está compuesto de dos o más átomos
sólido—materia que tiene forma propia, como el vidrio o la madera

Aprende más

En la biblioteca

Bauer, David. *¡Todo es materia!* Mankato, MN: Capstone Press, 2005.

Frost, Helen. *El agua como líquido*. Mankato, MN: Capstone Press, 2004.

Randolph, Joanne. *Los gases de mi mundo*. Nueva York: Rosen Publishing Group, 2006.

En la red

. FactHound ofrece un medio divertido y confiable de buscar portales de la red relacionados con este libro. Nuestros expertos investigan todos los portales que listamos en FactHound.

1. Visite *www.facthound.com*
2. Escriba una palabra relacionada con este libro o escriba este código: 1404802460
3. Oprima el botón FETCH IT.

¡FactHound, su buscador de confianza, le dará una lista de los mejores portales!

Busca más libros de la serie Ciencia asombrosa:

El agua: Arriba, abajo y en todos lados
El aire: Afuera, adentro y en todos lados
El movimiento: Tira y empuja, rápido y despacio
El sonido: Fuerte, suave, alto y bajo
El suelo: Tierra y arena
Imanes: Atraen y rechazan
La electricidad: Focos, pilas y chispas
La energía: Calor, luz y combustible
La luz: Sombras, espejos y arco iris
La temperatura: Caliente y frío
Las rocas: Duras, blandas, lisas y ásperas

Índice